151

Edward Packard
Die Insel der 1000 Gefahren

In der Reihe „1000 Gefahren" sind erschienen:

Edward Packard

Die Insel der 1000 Gefahren

Mit Illustrationen von Maria Satter

Ravensburger Buchverlag

Als Ravensburger Taschenbuch
Band 52340
erschienen 2007

Erstmals in den Ravensburger Taschenbüchern
erschienen 1979 unter dem Titel
„Die Insel der 1000 Gefahren"
als RTB 520

Die Originalausgabe erschien
im Verlag Vermont Crossroads Press,
Waitsfield, Vermont
unter dem Titel „Sugarcane Island"
© 1976 Edward Packard

Aus dem Englischen von Maja Thewalt
© 1987 Ravensburger Buchverlag
für die deutschsprachige Ausgabe

Umschlagillustration: Stefani Kampmann
Innenillustrationen: Maria Satter

9 10 11   17 16 15

ISBN 978-3-473-52340-5

www.ravensburger.de

Wichtig!

Lies dieses Buch nicht einfach in einem Rutsch von vorne bis hinten durch. Auf den folgenden Seiten passieren viele verschiedene Abenteuer, die man auf der Insel der 1000 Gefahren erleben kann. Du kannst aber durch deine Entscheidung beeinflussen, welche du erleben wirst. Während du liest, musst du also ständig Entscheidungen treffen und den Anweisungen folgen. Dann wirst du sehen, was als Nächstes mit dir passiert.

Und vergiss nicht!

Denk nach, bevor du handelst.
Auf der Insel der 1000 Gefahren könnte ein Fehler – dein letzter sein.

Du stehst an Deck eines großen Schiffs, das von San Francisco in den Pazifik ausläuft, und schaust zurück auf die Golden-Gate-Brücke. Man hat dich eingeladen, Doktor Carleton Frisbee auf einer Expedition zu den Galapagos-Inseln zu begleiten. Dr. Frisbee macht für Zoos Forschungsarbeiten über Schildkröten. Er weiß so ziemlich alles über Schildkröten.

Die Reise macht dir viel Spaß. Aber eines Tages, als du dich gerade gemütlich in deinem Liegestuhl rekelst und den Fliegenden Fischen zuschaust, siehst du plötzlich, wie eine riesige Welle auf das Schiff zukommt.

Die Welle ist durch ein Erdbeben irgendwo am Meeresboden ausgelöst worden. Sie rollt über das Wasser genau auf dich zu. Euer Schiff wird höher und höher gehoben. Und dann fegt das Wasser schäumend über Deck. Zum Weglaufen ist es zu spät, und du schaffst es gerade noch, dich an deinen Liegestuhl zu klammern.

In Sekundenschnelle wirst du über Bord gespült, hängst oben in der Welle, reitest auf der gigantischen Woge, fliegst auf einer Wolke aus Wasser. Das Einzige, was du durch den Schaum und die Gischt sehen kannst, sind deine Hände, die den Liegestuhl fest umklammert halten. Dann merkst du noch, wie du auf der Rückseite der Welle hinabgleitest. Deine nächste Erinnerung ist, dass du aus einem tiefen Schlaf aufwachst.

Ob du das alles nur geträumt hast? Aber du weißt, dass es kein Traum gewesen sein kann. Anstatt in deinem Bett liegst du nämlich hoch oben auf einer riesigen Sanddüne. Hinter dir siehst du einen breiten, leicht abfallenden Strand. Du schaust zu, wie die schäumenden Wellen gegen ihn klatschen. Vor dir liegt eine Wiese aus hohem Schilfrohr, umgeben von hohen, felsigen Hügeln. Du bist hungrig und durstig. Du schaust auf das Meer und siehst nichts als endloses blaues Wasser. Bis auf ein paar Seemöwen, die über die Wellen segeln, bist du ganz allein.

**Wenn du dich entscheidest,
am Strand entlangzugehen,
lies weiter auf Seite** 9

**Wenn du dich entscheidest,
die felsigen Hügel hinaufzuklettern,
lies weiter auf Seite** 10

Du gehst am Strand entlang. Der Sand ist so weich und heiß unter deinen Füßen, dass du hinuntergehst ans Meer, dorthin, wo der Sand sich kühl und fest anfühlt. Du gehst immer weiter, und oft hast du das Gefühl, es endlich geschafft zu haben – aber dann kommt ein neues Stück Strand. Du bist hungrig und durstig und so müde, dass du kaum noch gehen kannst. Da siehst du plötzlich, wie gleich neben deinem Fuß Wasser aus dem Sand sprudelt. Du gräbst ein bisschen und holst eine Muschel hervor, und dann noch eine. Du brichst die Schale auf und nimmst das fleischige Stück heraus. Es sieht nicht sehr appetitlich aus.

**Wenn du dich entscheidest,
die Muscheln zu essen,
lies weiter auf Seite**   **11**

**Wenn du dich entscheidest,
die Muscheln nicht zu essen,
lies weiter auf Seite**   **12**

Du gehst auf den felsigen Hügel zu und kommst dabei durch eine sumpfige Wiese. Vorsichtig hältst du nach Schlangen Ausschau. Du findest ein paar leckere Beeren, die deinen Durst löschen und dich etwas stärken. Du gehst weiter und kletterst immer höher. Dabei wird dir klar, dass du über ziemlich steil und gefährlich aussehende Felsen klettern musst, wenn du den Gipfel erreichen willst.

**Wenn du dich entscheidest,
auf die steilen Felsen zu klettern,
lies weiter auf Seite**

13

**Wenn du dich entscheidest,
zu den Beeren zurückzugehen
und dort über Nacht zu bleiben,
lies weiter auf Seite**

14

Der erste Bissen schmeckt scheußlich, aber du merkst dabei erst richtig, wie hungrig du bist. Du isst noch mehr von den Muscheln, und auf einmal schmecken sie dir immer besser. Du fühlst dich etwas gestärkt, aber auch durstiger als vorher. Du gehst am Strand entlang zum Wald hin und suchst nach Wasser. Du kommst an einen kleinen Teich. Das Wasser schmeckt salzig.

**Wenn du dich entscheidest,
von dem Wasser zu trinken,
lies weiter auf Seite**   15

**Wenn du dich entscheidest,
nicht von dem Wasser zu trinken,
lies weiter auf Seite**   16

Müde schleppst du dich am Strand entlang. Ob du jemals etwas Vernünftiges zu essen finden wirst? Du kommst auf eine Wiese. Dir ist klar, dass du es nie über die Felsen schaffen würdest. Es ist glühend heiß, und die Sonne brennt auf dich herab. Du fühlst dich schwach – und kippst besinnungslos um. Als du irgendwann später aufwachst, siehst du eine Schlange. Sie ist lang, hat diamantenförmige Flecken und sieht bösartig aus. Sie gleitet über deine Beine.

**Wenn du dich entscheidest,
dich blitzschnell in Sicherheit zu bringen,
lies weiter auf Seite** 17

**Wenn du dich entscheidest,
reglos zu warten, bis die Schlange weg ist,
lies weiter auf Seite** 18

Du fängst an, den steilen Hügel hinaufzuklettern. Es ist sehr anstrengend, und einmal verlierst du den Halt und fällst beinahe eine Felswand hinunter. Aber dann bist du endlich oben. Vor dir liegt ein wunderschönes Tal. Links von dir siehst du Rauch aufsteigen. Rechts von dir kannst du Trommeln hören.

**Wenn du dich entscheidest,
in Richtung Rauch zu gehen,
lies weiter auf Seite** 19

**Wenn du dich entscheidest,
in Richtung Trommeln zu gehen,
lies weiter auf Seite** 20

Du findest zurück zu den Beeren und verschlingst gierig mehr davon. Du weißt, dass du zum Leben mehr als nur Beeren brauchst, und hoffst, dass du noch andere essbare Sachen finden wirst. Du durchsuchst das dichte Gestrüpp nach mehr Beeren – und da steht auf einmal ein riesiger weißer Hund vor dir.

**Wenn du auf den Hund zugehst,
lies weiter auf Seite**   **21**

**Wenn du in deinem Versteck bleibst,
lies weiter auf Seite**   **22**

Du trinkst von dem Wasser. Es schmeckt ganz gut, aber dir wird übel davon. Dir ist klar, dass du etwas anderes finden musst als Muscheln und dieses Wasser. Du gehst über einen Pfad durch das Unterholz. Da siehst du plötzlich ein großes Tier, das aussieht wie ein Tiger ohne Streifen. Es hat riesige spitze Zähne. Blitzschnell überlegst du, was besser ist: auf einen der nahen Bäume zu klettern, oder reglos stehen zu bleiben und zu hoffen, dass es dich weder sieht noch riecht.

**Wenn du dich für den Baum entscheidest,
lies weiter auf Seite** **23**

**Wenn du es vorziehst, reglos abzuwarten,
lies weiter auf Seite** **24**

Auf der Suche nach Trinkwasser gehst du immer weiter und wirst immer durstiger. Du bist nicht sicher, ob du jemals Wasser finden wirst. Da siehst du hinter einem Felsvorsprung einen funkelnden klaren Bach. Ein grimmig aussehender Pirat mit einem roten Bart und einem Messingring im Ohr steht da und fischt.

**Wenn du zum Bach gehst,
lies weiter auf Seite**   **25**

**Wenn du hinter dem Felsvorsprung
bleibst, lies weiter auf Seite**   **26**

Du ziehst deine Beine an, um loszuspringen, da stößt die Schlange auch schon zu und versenkt ihre Giftzähne in dein Bein. Der Schmerz ist scheußlich. Du springst auf und rennst weg, aber schon ein paar Sekunden später wirst du ohnmächtig und fällst zu Boden.

Lange Zeit später wachst du in einer strohgedeckten Hütte auf. Eine Eingeborene ist über dich gebeugt. Sie gibt dir Kokosnussmilch zu trinken. Dein Bein tut noch weh, aber du fühlst dich schon viel besser. Die Frau geht aus der Hütte. Du guckst hinaus und siehst grimmig aussehende Eingeborene bei einem wilden Stammestanz um ein Feuer.

Wenn du dich für die Flucht entscheidest, lies weiter auf Seite 27

Wenn du lieber bleiben willst, lies weiter auf Seite 28

Die Schlange windet sich über dich hinweg und verschwindet im Unterholz. Du springst schnell auf und rennst in die entgegengesetzte Richtung. Als du plötzlich merkst, dass du anfängst zu rutschen, liegst du auch schon in einer tiefen Grube. Du bist in eine Tierfalle geraten. Da sitzt du nun und weißt nicht, ob du gerettet wirst oder ob am Ende noch ein Tier zu dir herunterfallen wird. Nach ungefähr einer Stunde kommen mehrere haarige, affenähnliche Männer und spähen vorsichtig zu dir hinunter. Sie sind ganz verwundert darüber, so etwas wie dich zu finden. Schnell ziehen sie dich aus der Grube.

**Wenn du versuchen willst,
in den Wald zu rennen und dich zu verstecken,
lies weiter auf Seite**

29

**Wenn du versuchen willst,
dich mit ihnen anzufreunden,
lies weiter auf Seite**

30

Du folgst einem langen Pfad in Richtung Rauch. Unterwegs kaust du von dem süßen Rohr, das am Weg wächst. Es ist Zuckerrohr! Jetzt fühlst du dich schon viel besser. Du gehst weiter, stolperst aber plötzlich über einen Haufen Knochen. Sie sehen ziemlich furchterregend aus.

**Wenn du weitergehst,
lies weiter auf Seite** 31

**Wenn du umkehrst,
lies weiter auf Seite** 32

Du folgst dem Pfad durch den Wald. Die Trommelschläge hämmern immer lauter und schneller in deinen Ohren – dummdedummdedummdumm. Dann hörst du Leute singen und lachen. Du kommst ans Ende des Waldes. Vor dir liegt eine große Lichtung, die zu einem Dorf führt. Du kriechst durch das Unterholz, damit du viel sehen kannst, ohne selbst gesehen zu werden. Ungefähr 50 Meter vor dir siehst du Hunderte von Eingeborenen in grellen roten und gelben Kostümen wild umhertanzen. Sie machen den Eindruck, als hätten sie viel Spaß.

**Wenn du ins Dorf gehst,
lies weiter auf Seite**　　　　　　　　**33**

**Wenn du lieber weiter durch den Wald
gehen willst, lies weiter auf Seite**　　　　**34**

Als du auf den Hund zugehst, springt er umher und bellt laut. Er beißt nicht, stupst dich aber einen Pfad entlang. Als du versuchst, auszurücken, schnappt er nach deiner Ferse. Dir bleibt also nichts anderes übrig, als brav mitzugehen. Nach einiger Zeit taucht noch ein Hund auf. Die beiden führen dich auf eine Wiese, auf der mindestens noch ein Dutzend von ihnen sind. Sie kommen heran und beschnuppern dich. Du bekommst eine Gänsehaut.

**Wenn du versuchst, wegzurennen,
lies weiter auf Seite** 35

**Wenn du bleibst,
lies weiter auf Seite** 36

Der Hund entdeckt ein Kaninchen und jagt hinterher. Du rennst auch los – in die andere Richtung. Immer weiter hetzt du durch das hohe, wogende, braune Gras. Gerade als du dich vor Erschöpfung fallen lassen willst, kommst du an einen reißenden Fluss. Das Wasser ist kühl und klar. Du trinkst gierig. Am anderen Ufer siehst du Hunderte von Kokospalmen.

Wenn du versuchst, hinüberzuschwimmen, lies weiter auf Seite

37

Wenn du es lieber nicht versuchen willst, lies weiter auf Seite

38

Du rennst los. Das Biest sieht die Bewegung und springt auf dich zu. Du greifst nach dem untersten Ast und schwingst dich nach oben. Der Baum schwankt, als die Bestie dagegen kracht, aber erst einmal bist du in Sicherheit. Hungrig guckt sie zu dir hoch. Von einem ungewohnten Geräusch aufgeschreckt, läuft das Tier plötzlich weg. Gleich darauf kommen ein paar Männer mit Speeren. Sie laufen auf deinen Baum zu.

**Wenn du aus deinem Versteck herauskommst
und dich bemerkbar machst,
lies weiter auf Seite** 39

**Wenn du in deinem Baumversteck bleibst,
lies weiter auf Seite** 40

Du wagst kaum zu atmen, als du da sitzt und wartest. Stunden scheinen zu vergehen. Endlich rennt das Biest los und verschwindet im Wald. Du machst ein paar Schritte und merkst, dass der Boden nachgibt. Du stehst auf Treibsand. Innerhalb von Sekunden steckst du bis zu den Knien darin. Du kannst sehen, dass nur ein paar Meter weiter der Boden wieder fest ist.

**Wenn du versuchst,
aus dem Treibsand herauszuwaten,
lies weiter auf Seite**

41

**Wenn du dich auf den Rücken wirfst
und versuchst, dich auf
den festen Boden zuzurollen,
lies weiter auf Seite**

42

Du gehst zu dem Bach und trinkst gierig.

„Halt, du Lümmel", sagt der Pirat.

„Haben Sie bitte etwas zu essen für mich, Sir? Ich bin furchtbar hungrig", sagst du.

Der Pirat lacht brüllend und zeigt auf die Fische, die er gerade gefangen hat.

„Iss von dem Fisch, dann werde ich dir noch etwas viel Besseres zeigen", sagt er. „Aber wenn du dich weigerst, davon zu essen, dann werf ich dich seinen Brüdern zum Fraß vor."

**Wenn du von dem Fisch isst,
lies weiter auf Seite**   **43**

**Wenn du dich weigerst, von dem Fisch zu essen,
lies weiter auf Seite**   **44**

Bald darauf sammelt der Pirat die Fische ein, die er gefangen hat, und macht sich auf den Weg. Jetzt läufst du hin und trinkst ausgiebig von dem Bach. Dann folgst du dem Piraten zu einer Hütte im Wald und beobachtest aus sicherer Entfernung, wie er die Fische brät. Er singt dabei:

„Viel Fisch hab ich heut im Haus –
wie freu ich mich auf diesen Schmaus."

**Wenn du dich entscheidest,
zu dem Piraten hinzugehen,
lies weiter auf Seite**

45

**Wenn du lieber in deinem
Versteck bleiben möchtest,
lies weiter auf Seite**

46

Du springst auf und rennst in den Wald. Du kommst in einen Kokospalmenhain. Auf dem Boden findest du ein paar Kokosnüsse, die du an einem kantigen Stein aufschlägst. Sie schmecken gut. Gestärkt kletterst du auf einen hohen Berg. Von ganz oben kannst du das weite Meer mit den glitzernden Schaumkronen sehen. Plötzlich ruft eine Stimme:

„Wer bist du?"

Du schaust um dich und erkennst in den Bäumen eine Art Baumhaus. In dem Baumhaus ist ein alter bärtiger Mann mit einem Holzbein.

„Komm her", befiehlt er und winkt mit einem dicken Rohrstock.

**Wenn du zu dem Mann gehst,
lies weiter auf Seite**   47

**Wenn du dich entscheidest,
einfach weiterzugehen,
lies weiter auf Seite**   48

Etwas später kommen ein paar von den Eingeborenen in deine Hütte. Sie haben einen jungen Krieger bei sich.

Ein alter Mann geht auf dich zu und sagt: „Du musst ihm folgen. Er bringt dich über die Berge zu deinem Stamm."

Dir bleibt nichts anderes übrig, als dich mit dem Krieger auf den langen Weg über die Berge zu machen. Ihr folgt den Tierfährten und schlaft unter den Sternen.

Eines Tages erreicht ihr einen schneebedeckten Gebirgskamm hoch oben in den Bergen. Ihr geht über einen schmalen Grat, der nach beiden Seiten steil abfällt. Plötzlich versucht der Krieger, dich in die Tiefe zu stoßen. Um ein Haar verlierst du das Gleichgewicht – und blitzartig wird dir klar, dass du fliehen musst.

Wenn du versuchst, bergauf zu fliehen, lies weiter auf Seite 49

Wenn du lieber ins Tal zurücklaufen willst, lies weiter auf Seite 50

Du rennst los, aber die haarigen Männer fangen dich wieder ein. Sie nehmen dich mit in ihr Dorf und binden dich an einem Pfahl fest. Alle laufen zusammen und starren dich an. Manche von ihnen piksen dich mit Stöcken. Später geben sie dir Reis und Tee. Du bist sehr müde. Du kauerst dich auf die Erde und schläfst bald ein.

Am nächsten Morgen geben sie dir ein Frühstück aus Kokosnüssen und Melassekuchen. Dann bringen sie dich zu einem Fluss und geben dir ein kleines Floß und eine Stange. Du bemerkst, wie schnell das Wasser fließt, und flussabwärts kannst du das Donnern der Stromschnellen hören. Sie drängen dich auf das Floß.

Wenn du das Floß vom Ufer abstößt, lies weiter auf Seite 51

Wenn du dich weigerst, loszufahren, lies weiter auf Seite 52

Die Eingeborenen nehmen dich mit zurück in ihr Dorf. Eine Familie lädt dich zum Abendessen in ihre Hütte ein. Nachher sitzt du mit ihnen vor dem Feuer und hörst ihrem Flötenspiel zu. Sie geben dir eine weiche Matte zum Schlafen und wünschen dir eine gute Nacht.

Am nächsten Morgen wirst du vor den Häuptling gebracht. Er spricht:

„Deine Ankunft ist ein gutes Omen. Es bedeutet, dass uns keine feindlichen Krieger überfallen werden. Du wirst bei uns bleiben und hier in Abagun glücklich sein. Versuche niemals, von hier wegzugehen."

Du lebst bei der Familie, die so freundlich zu dir war, und du gewöhnst dich an das Leben in Abagun. Du lernst jagen und du lernst, essbare Pflanzen zu finden. Du wirst zäh, und du kannst bald so schnell wie ein Hirsch laufen. Aber du wirst das Heimweh nicht los.

Wenn du versuchst, zu fliehen, lies weiter auf Seite 53

Wenn du bleibst, lies weiter auf Seite 54

Du gehst weiter. Aber da kommen auch schon ein paar Leute, die ziemlich böse aussehen. Sie fangen dich und bringen dich zu einer großen Hütte. Dort triffst du einen weiteren Gefangenen, einen schiffbrüchigen Seemann, den sie auch erwischt haben.

„Wenn wir ihnen bis morgen Mittag kein Zauberkunststück vorführen können, werden sie uns lebendig begraben", sagt er. Du siehst, dass der Wärter eingeschlafen ist.

Wenn du bleibst und versuchst, dir ein Kunststück auszudenken, lies weiter auf Seite 55

Wenn du versuchst, zu fliehen, lies weiter auf Seite 56

Du machst kehrt und gehst auf den Klang der Trommeln zu. Du hast einen langen Weg hinter dir, als du beinahe schon wieder über einen Haufen Knochen stolperst. Du bist noch etwa 100 Meter von dem Dorf mit den Trommeln entfernt. Da kracht plötzlich ein ohrenbetäubender Donner, und Blitze zucken. Der Wind heult, und es gießt in Strömen.

**Wenn du ins Dorf läufst,
lies weiter auf Seite** 57

**Wenn du dich unter
einem Felsvorsprung versteckst,
lies weiter auf Seite** 58

Als du ins Dorf kommst, scharen sich die Inselbewohner um dich, und das Singen und Tanzen geht von vorne los. Plötzlich hören sie auf, und alle verstummen. Der Häuptling kommt auf dich zu. Du gibst ihm die Hand und lachst ihn an. Er bietet dir den Platz neben sich an. Diener bringen geröstete Kokosnuss, gebratenes Kaninchen, Zuckerrohrkuchen, Zimtplätzchen und Limonade.

Einer der Eingeborenen am Tisch beginnt, zu dir zu sprechen. „Morgen müssen wir gegen einen anderen Stamm kämpfen", sagt er, „kannst du uns helfen?"

Alle schauen dich an. Du siehst in ihren Gesichtern, dass sie Angst haben, der andere Stamm könnte ihr Dorf vernichten.

Wenn du dich entscheidest, zu helfen, lies weiter auf Seite 59

Wenn du meinst, dass du nicht helfen kannst, lies weiter auf Seite 60

Du willst lieber doch nicht riskieren, in das Dorf zu gehen. Du folgst einem Weg und kommst an ein Zuckerrohrfeld. Du isst etwas Zuckerrohr. Das tut gut. Ein Stück weiter kommst du an eine Höhle. In der Höhle findest du eine offene Truhe. Sie ist bis obenhin voll mit Rubinen, Smaragden und Diamanten. Du wunderst dich, dass niemand bei dem Schatz ist.

**Wenn du dich entscheidest,
ein paar von den Edelsteinen
zu nehmen und weiterzugehen,
lies weiter auf Seite** 61

**Wenn du dich lieber verstecken
und warten willst, ob jemand kommt,
lies weiter auf Seite** 62

Du rennst durch den Wald. Knurrend und bellend verfolgen dich die Hunde. Du hast keine andere Wahl – du musst in den Fluss springen. Du schwimmst ans andere Ufer und kannst drüben die Hunde noch heulen hören. Du wanderst durch den Wald und kommst an eine Lichtung. Vor dir liegt eine große Hütte mit einem Strohdach. In der Hütte steht eine Gruppe von merkwürdig gekleideten Frauen mit spitzen Hüten vor riesigen Töpfen mit einem kochenden Gebräu. Eine von ihnen zieht dich in die Hütte und sagt: „Wir haben dich erwartet. Koste von diesem Geheimtrank."

**Wenn du von dem Geheimtrank trinkst,
lies weiter auf Seite**   63

**Wenn du dich weigerst, davon zu trinken,
lies weiter auf Seite**   64

Die Hunde streichen um dich herum, knurren und schnappen nach einander. Plötzlich heulen sie auf und jagen hinter irgendeinem Tier her, das man nicht sehen kann. Du läufst in die andere Richtung. Fast im gleichen Augenblick siehst du ein Stück vor dir eine riesige grüne Schildkröte, die so schnell läuft, dass du fast den Eindruck hast, dass sie zielsicher einen ganz wichtigen Ort ansteuert.

**Wenn du dich entscheidest,
auf die Schildkröte zu steigen,
lies weiter auf Seite**

65

**Wenn du ihr lieber nur folgen willst,
lies weiter auf Seite**

66

Du springst ins kühle Wasser und schwimmst auf das andere Ufer zu; aber du merkst ziemlich schnell, dass du gegen die reißende Strömung nicht ankommst. Du klammerst dich an einen treibenden Baumstamm und lässt dich von der Strömung flussabwärts tragen. Um dich herum spritzt und schäumt das Wasser. Dein Baumstamm kracht gegen einen Felsen, du klatschst ins Wasser und kannst dich gerade noch auf eine Moosbank ziehen, wenige Meter vor dem Rand eines tosenden Wasserfalls. Ganz in der Nähe siehst du eine Gruppe von Leuten, die mit Instrumenten aus großen Seemuscheln wunderschöne, fremdartige Musik macht. Sie essen eine rosa Frucht, die du noch nie gesehen hast. Du gehst zu ihnen hinüber. Zur Begrüßung geben sie dir ein Stück von der Frucht. Es schmeckt dir unheimlich gut. Du nimmst noch mehr davon und lauschst der Musik.

Lies weiter auf Seite   67

Du liegst am Ufer und hast keine Ahnung, wie es weitergehen soll. Du versuchst, dich zu orientieren. Hinter dir scheint nur unwegsamer Dschungel zu liegen – und vor dir ein Fluss voll mit Krokodilen. Du arbeitest dich am Ufer entlang und kommst an einen steilen Felsen. Da hörst du plötzlich irgendwo hinter dir das Brüllen eines unbekannten Tieres. Du musst versuchen, dich in Sicherheit zu bringen und, so schnell du kannst, den Felsen hinaufzuklettern.

Zurück zu Seite **13**

„Hallo, ihr da!", rufst du. Die Leute gucken nach oben. Sie sind sehr erstaunt und fangen an, um den Baum herum zu tanzen. Du springst zu ihnen runter. Schnell schnappen sie dich, heben dich hoch und tragen dich in ihr Dorf. Sie führen dich in eine Hütte und geben dir Wasser. Einige von ihnen stehen mit finsteren Gesichtern um dich herum und flüstern miteinander. Der größte von ihnen steht auf dem Kopf. Die anderen starren dich an.

**Wenn du dich entscheidest,
dich auch auf den Kopf zu stellen,
lies weiter auf Seite** 68

**Wenn du dich dagegen entscheidest,
lies weiter auf Seite** 69

Du bist mucksmäuschenstill. Die Leute bemerken dich nicht und laufen weiter. Jetzt springst du herunter und läufst in die andere Richtung. Du kommst aus dem Wald heraus und wanderst durch Wiesen, die mit gelben Blumen übersät sind. Du hast einen langen Marsch hinter dir und willst dich gerade hinlegen, um dich auszuruhen, da entdeckst du hoch über dir eine merkwürdige silberne Kuppel, so groß wie ein Haus. Du gehst darauf zu, und eine Tür gleitet auf. Der Raum ist erfüllt von einem schummrigen grünen Licht, aber sonst kannst du nichts erkennen.

Wenn du in die Kuppel gehst,
lies weiter auf Seite

70

Wenn du lieber
in sicherer Entfernung bleibst,
lies weiter auf Seite

71

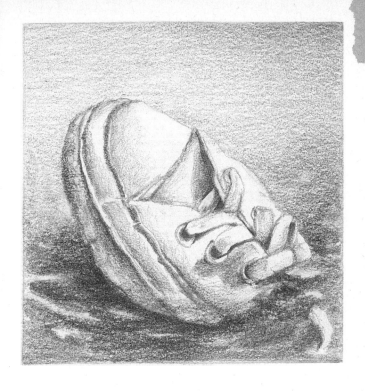

Du sinkst tiefer und tiefer. Du drehst und windest dich. Aber es ist zu spät.
Gluckgluckgluck.

ENDE

Du rollst dich vorsichtig über den quabbeligen, mutscheligen, nassen Sand. Und kurz darauf spürst du auch schon festen Boden unter dir. Schmutzig und nass stehst du auf. Du freust dich, dass du noch am Leben bist.

„Nicht schlecht", sagt eine Stimme gleich neben dir. Du drehst dich um und siehst einen Jungen in deinem Alter. Er ist braun gebrannt und hat wuschelige Haare. Er erzählt dir, dass er vor einem Jahr Schiffbruch erlitten hat. Seitdem fängt er die Tiere, die in den Treibsand geraten. Er hat sich ein Floß zurechtgezimmert und bietet dir an, mit ihm zusammen damit loszufahren. Er ist ziemlich sicher, dass die Strömung euch die Küste entlang in Richtung Zivilisation treiben wird.

**Wenn du mit ihm auf das Floß gehst,
lies weiter auf Seite**   **72**

**Wenn du an Land bleibst,
lies weiter auf Seite**   **73**

Der Fisch schmeckt nicht schlecht. Der Pirat grinst und sagt: „Du hättest nichts davon essen müssen. Ich wollte nur sehen, ob du Verstand im Kopf hast. Und da du ein schlaues Bürschchen zu sein scheinst, bin ich froh, dass du gekommen bist. Mein Boot liegt fertig zum Auslaufen in der nächsten Bucht vor Anker. Ich kann es bis zu den Galapagos-Inseln schaffen, wenn ich einen zweiten Mann an Bord habe. Und du scheinst das Zeug dazu zu haben, das Steuerruder zu übernehmen. Komm, hilf mir schnell einladen, und dann nichts wie weg von hier."

Er bringt dich zu der Bucht, in der sein Segelschiff vor Anker liegt. Es sieht nicht sehr Vertrauen erweckend aus.

Wenn du mit dem Piraten lossegelst, lies weiter auf Seite 74

Wenn du bei der nächsten Gelegenheit wegläufst, lies weiter auf Seite 75

Der Pirat wird furchtbar wütend. Du läufst schnell weg, einen steilen Berg hinauf. Der Pirat hastet hinter dir her. Er ist dir dicht auf den Fersen. Da hörst du auf einmal Gepolter hinter dir und dann einen Schrei. Der Pirat ist abgestürzt und liegt stöhnend unten auf einem Felsvorsprung. Du kletterst zu ihm hinunter und betrachtest ihn vorsichtig. Er liegt im Sterben.

„Ich habe versucht, dich zu töten", murmelt er, „und mich dabei fast selber umgebracht. Jetzt will ich dir helfen – und vielleicht helfe ich damit auch mir noch. Hinter dem Wasserfall dort drüben ist eine Höhle. Kletter hinein und geh immer den Gang entlang. Kurz vor dem Ausgang kommst du an eine sandige Stelle. Da musst du graben. Du wirst den größten Diamanten der Welt finden. Ein paar Meter weiter kommst du wieder ins Freie und …" Da stirbt der Pirat.

**Wenn du tust, was der Pirat gesagt hat,
lies weiter auf Seite**   **76**

**Wenn du ihm nicht traust,
lies weiter auf Seite**   **77**

Der Pirat ist freundlich und lustig. Er scheint sich über dein Kommen richtig zu freuen. Du hilfst ihm beim Braten der Fische. Bessere hast du noch nie gegessen. „Ich kann mir vorstellen, mein Freund", sagt er, „dass du jetzt nach Hause möchtest. Ich würde gern mitkommen, aber das geht leider nicht, weil ich wegen Raubüberfall in fünf Fällen gesucht werde. Aber ich bringe dich zu einem Dorf, von wo du ein Boot nach Hause nehmen kannst."

Am nächsten Tag macht ihr euch auf eine lange Wanderung durch Sümpfe und über Berge. Eine Woche später blickst du endlich von einem Hügel hinab auf das Dorf. Du drückst dem Piraten die Hand und bedankst dich.

Er guckt dich ernst an, lacht dann und sagt nur: „Viel Glück."

ENDE

Du versteckst dich im Wald und schläfst nach einer Weile ein. Als du aufwachst, steht über dir ein dünner alter Mann mit einem buschigen weißen Bart.

„Hab keine Angst, mein Kind. Hier bei uns ist die Zeit ein magischer Kreis. Wenn du dich erhebst, wirst du dich auch bald wieder niederlegen."

„Was soll das bedeuten?", fragst du verwundert.

„Wenn man die Insel betritt, wird man sie auch bald wieder verlassen", antwortet der alte Mann bedächtig.

Wenn du ihm weiter zuhörst,
lies weiter auf Seite 78

Wenn du wegläufst,
lies weiter auf Seite 79

Als du ein bisschen näher auf den Mann zugehst, packt er dich bei den Schultern.

„Hör mir mal gut zu", sagt er, „ich habe massenweise Gold – aber nichts zu essen. Meinst du, du kannst mir helfen?"

„Vielleicht kann ich Hilfe holen, wenn Sie mir sagen, was ich tun soll", antwortest du.

„Ja, vielleicht kannst du das wirklich", sagt der alte Mann. „Geh immer am Ufer entlang bis zu einem großen runden Felsblock. Dann musst du dem Pfad durch den Pinienwald folgen bis zum Dorf. Aber bitte vergiss mich nicht!"

Du tust, was er gesagt hat, und kommst tatsächlich zu dem Dorf. Es liegt an einem Hafen. Viele bunt bemalte Fischerboote haben am Ufer festgemacht. Weiter draußen liegt ein großes Segelschiff vor Anker. Einige der Seeleute handeln mit den Eingeborenen.

Wenn du ihnen von dem alten Mann erzählst, lies weiter auf Seite 80

Wenn du ihnen nicht von ihm erzählst, lies weiter auf Seite 81

Du läufst den Berg wieder hinunter. Du kommst an den Strand und gehst immer weiter am Wasser entlang. Du ernährst dich von Krebsen, Muscheln und Seetang. Es regnet ziemlich oft, und so kannst du von kleinen Tümpeln nahe beim Strand trinken. Nach ein paar Tagen stößt du auf ein Lager, zu dem ungefähr 12 Leute gehören. Sie haben eine riesige Ausrüstung – Fernrohre, Radios, Gewehre. Es sind Australier.

„Was machst du denn hier?", fragen sie.

„Und was machen Sie hier?", fragst du.

„Wir waren auf der Suche nach dem berühmten Forscher Henry Davidson, aber wir haben ihn nicht gefunden. Wir nehmen dich mit nach Hause."

Wenn du ihnen von dem alten Mann berichtest, lies weiter auf Seite 82

Wenn nicht, lies weiter auf Seite 83

Schnell läufst du weiter bergauf und kletterst schließlich auf den schneebedeckten Bergrücken. Der Krieger verfolgt dich, aber als er den Schnee erreicht, gibt er auf. Du siehst, dass er Angst hat, und jetzt weißt du, dass du in Sicherheit bist.

„Tu mir nichts!", ruft er. Er denkt wohl, dass du über Zauberkräfte verfügst, weil dir der Schnee nichts anhaben kann. Du lachst ihn aus und stapfst erleichtert über die Berghänge auf der anderen Seite hinunter in ein grünes Tal. Vor dir liegt ein friedliches Dorf. Ein paar freundliche Leute kommen angelaufen, um dich zu begrüßen.

Zum ersten Mal fühlst du dich sicher und geborgen auf der Insel der 1000 Gefahren.

ENDE

Der Krieger rennt hinter dir her und stößt dich mit aller Kraft über den Felsen. Du stürzt auf einen Vorsprung, bleibst liegen und fühlst dich zerschlagen und zerschunden. Der Krieger hält dich für tot und macht sich auf den Rückweg zu seinem Dorf.

Irgendwann später rappelst du dich auf. Gottlob hast du dir nichts gebrochen.

**Wenn du versuchst,
dich weiter durchzuschlagen,
lies weiter auf Seite**   **84**

**Wenn du lieber zu dem Eingeborenendorf
zurückgehst, lies weiter auf Seite**   **85**

Du hast das dumpfe Gefühl, dass es besser ist, dein Glück auf dem reißenden Fluss zu versuchen, als länger bei den unberechenbaren Eingeborenen zu bleiben. Du stößt dein Floß vom Ufer ab. Die Eingeborenen jubeln. Als sie sehen, dass du auf den Wasserfall zutreibst, brechen sie in hämisches Gelächter aus. Du paddelst und versuchst, auf die andere Seite zu kommen. Aber dann wirst du plötzlich durch die Stromschnellen gewirbelt. Du stürzt in den Wasserfall. Gerade noch kannst du dich an einen Baumstamm klammern und treibst flussabwärts. Du bist nicht verletzt, und die Eingeborenen sind weit, weit weg. Dann wird die Strömung endlich schwächer, und du kannst ein bisschen verschnaufen.

**Wenn du zum Ufer paddelst,
lies weiter auf Seite** 86

**Wenn du dich weiter
flussabwärts treiben lässt,
lies weiter auf Seite** 87

Die Eingeborenen sind wütend. Zwei von ihnen schleppen dich auf ihren Schultern durch den Dschungel. Sie bringen dich zu einer Klippe und werfen dich hinunter. Du fällst und fällst und fällst. Du hältst die Augen geschlossen. Du willst lieber nichts sehen. Und dann klatschst du ins Wasser. Dir bleibt der Atem weg, dann tauchst du endlich auf und schnappst nach Luft. Du bist in einer wunderschönen Lagune. Das Wasser ist warm und klar. Hoch über dir siehst du die Eingeborenen jubeln. Du hast die Prüfung bestanden. Sie denken jetzt, dass du über Zauberkräfte verfügst, weil du nicht ertrunken bist.

Die Eingeborenen bringen dich zurück zu ihrem Dorf und veranstalten für dich ein prächtiges Fest mit Zuckerrohrkuchen und rosa Trauben. Später bringen sie dich dann zu einem Dorf, in dem du auf ein Schiff warten kannst, das dich nach San Francisco zurückbringen wird.

ENDE

Du spielst alle Fluchtmöglichkeiten durch. Wenn du einfach wegläufst, könnten dich die Eingeborenen aufspüren und im Wald einfangen. Es gibt nur eine Chance. In dem Tal gleich neben dem Dorf ist ein Vulkan, der ständig gelbbraunen Rauch ausspuckt. Und davor haben die Eingeborenen Angst. Wenn du also in Richtung Vulkan fliehst, werden sie nicht wagen, dich zu verfolgen.

Am nächsten Morgen spuckt der Vulkan sogar mehr Rauch aus als sonst. Die Eingeborenen sind ziemlich nervös. Du schlägst dich durch den Wald die Hänge hinauf, auf den Vulkan zu. Die Eingeborenen sind dir auf den Fersen. Und als sie dich fast erwischt haben, hört man ein Grollen. Der Berg spuckt Feuer und Rauch. Die Eingeborenen schreien vor Angst und hetzen zurück zu ihrem Dorf.

Wenn du versuchst, weiterzuklettern und auf die andere Seite des Vulkans zu kommen, lies weiter auf Seite 90

Wenn du zu den Eingeborenen zurückläufst, lies weiter auf Seite 91

Aber du bleibst in Abagun. Du wirst stark, und du lernst jagen und fischen. Du lernst die Geheimnisse des Waldes und die Geschichten der Sterne. Du bist glücklich, aber du sehnst dich auch nach deiner Heimat.

Einige Jahre später kommen Wissenschaftler auf einer Expedition in das Dorf und werden gefangen genommen. Der Häuptling sagt ihnen, dass sie für immer bleiben müssen. Aber das scheint ihnen nichts auszumachen. Zu deinem Erstaunen sagen sie dem Häuptling, dass sie sehr glücklich sind, für immer bleiben zu dürfen. Aber einer von den Wissenschaftlern nimmt dich beiseite und sagt: „Bleib morgen in meiner Nähe."

Am nächsten Mittag senkt sich ein Hubschrauber dröhnend aus der Luft auf die Erde herab. Die Eingeborenen bekommen einen riesigen Schreck und stieben in alle Himmelsrichtungen auseinander. Du hastest mit den Wissenschaftlern zu dem Hubschrauber und kletterst an Bord. Sekunden später bist du sicher auf dem Weg nach Hause.

ENDE

Nun sitzt ihr beide da und versucht, euch etwas Trickreiches auszudenken. Aber viel fällt euch nicht ein. Nach einiger Zeit sagt der Seemann, dass er eine Idee hat.

Am nächsten Morgen bringen euch zwei grimmig aussehende Eingeborene vor den Häuptling. „Ich kann reden ohne zu sprechen", sagt der Seemann zum Häuptling.

„Das wäre wirklich Zauberei", antwortet der Häuptling. Da nimmt der Seemann ein Stück Papier und schreibt „Heb deine rechte Hand hoch". Ohne den Mund zu bewegen hält er das Blatt hoch, damit du es lesen kannst. Und natürlich hebst du deine rechte Hand. Der Häuptling ist von dieser wundersamen Art zu sprechen sehr beeindruckt. Er bietet euch an, euch in den Stamm aufzunehmen oder zum nächsten Dorf zu führen, wenn euch das lieber ist.

Wenn du in den Stamm aufgenommen werden willst, lies weiter auf Seite 93

Wenn du lieber zum nächsten Dorf geführt werden willst, lies weiter auf Seite 94

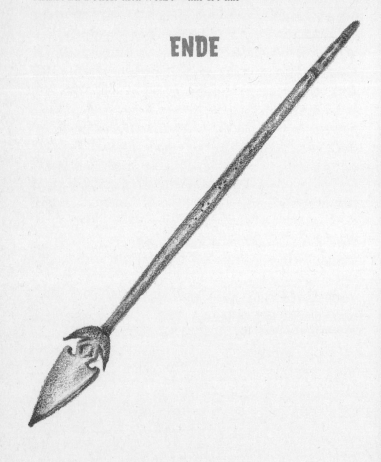

Du saust blitzschnell zwischen zwei Hütten durch und verschwindest im Gestrüpp. Plötzlich spürst du einen brennen-
den Schmerz im Rücken. Ein Speer hat dich getroffen. Du
sinkst zu Boden und weißt – das ist das

ENDE

Du läufst ins Dorf. Die Eingeborenen stehen dicht gedrängt im Regen und beten. Sie haben offensichtlich Angst vor dem Sturm. Du hast zwar auch Angst, aber du trittst zwischen sie und sagst ganz forsch: „Hallo."

Alle wenden sich dir ehrfürchtig zu. Ein letzter Blitz zuckt über den Himmel, ein Donnerschlag folgt, dann hört es auf zu regnen. Der Sturm ist vorbei.

Für die Eingeborenen bist du jetzt der Sturmgott. Sie veranstalten ein Festessen für dich mit Zuckerrohrkuchen und rosa Trauben. Zum Schlafen geben sie dir ein weiches Lager.

Aber am nächsten Tag werden ein paar von ihnen argwöhnisch. Sie lungern um dich herum und schneiden Grimassen.

Lies weiter auf Seite **92**

Du versteckst dich. Der Sturm zieht vorüber. Du bist nass, du frierst und bist hungrig. Im Dorf rührt sich nichts. Du machst dich auf den Weg durch den Wald und kommst auf einen Hügel. In der Ferne kannst du das Meer sehen. Wenn du doch bloß wieder an Bord bei Dr. Frisbee wärst.

Da siehst du am Strand plötzlich einen merkwürdigen Gegenstand. Du gehst hin und entdeckst ein Schiffswrack, das die Wellen wie ein Spielzeug ans Ufer geworfen haben. Du schaust es dir von allen Seiten genau an. Die Luken sind dicht, aber in der einen Seite ist ein Loch. Du versuchst, hineinzuschauen, aber es ist stockfinster. Plötzlich flattert eine Fledermaus heraus, genau an deinem Ohr vorbei.

**Wenn du dich entscheidest,
durch das Loch in das Schiff zu klettern,
lies weiter auf Seite** 97

**Wenn du lieber nicht hineinklettern willst,
lies weiter auf Seite** 98

Dann gehen alle schlafen. Du bleibst wach und überlegst krampfhaft, wie du ihnen beim Kampf gegen den anderen Stamm helfen kannst. Du siehst zwei Möglichkeiten. Die eine ist, den Stamm zu überreden, das Dorf zu verlassen und im Hinterhalt auf den Feind zu warten. Die andere ist, das feindliche Dorf in einem unerwarteten Augenblick anzugreifen.

Wenn du dich für den Hinterhalt entscheidest, lies weiter auf Seite **99**

Wenn du dich für den Blitzangriff entscheidest, lies weiter auf Seite **100**

Du erklärst ihnen, dass du ihnen nicht helfen kannst und dass du dich besser nicht einmischt.

Lies weiter auf Seite **100**

Du stopfst deine Taschen voll mit Juwelen und machst dich auf den Rückweg. Als du um eine Kurve biegst, siehst du drei bärtige Männer mit Rucksäcken. Einer von ihnen trägt eine Schaufel, der andere einen Pickel, und der dritte hat eine Landkarte in der Hand. Alle drei haben Pistolen. Du versteckst dich hinter einem Busch.

Einer der Männer sagt: „Mist, die Karte stimmt nicht. Hier ist kein Schatz! Ich werde den Kerl erwürgen, der uns die Karte verkauft hat."

**Wenn du die Männer ansprichst
und ihnen von dem Schatz erzählst,
lies weiter auf Seite**   **101**

**Wenn du die Männer ansprichst,
ihnen aber nichts von dem Schatz erzählst,
lies weiter auf Seite**   **102**

**Wenn du in deinem Versteck bleibst,
lies weiter auf Seite**   **103**

Du wartest ziemlich lange. Und dabei schläfst du dann ein. Du träumst, dass sich fünf Löwen von verschiedenen Seiten an dich heranpirschen, und wachst entsetzt auf. Über dir stehen fünf Eingeborene mit Speeren. Sie durchsuchen dich und zerren dich zu ihrem Lager. Sie bringen dich zu der Hütte des Häuptlings.

„Clubub! Clubub! Clubub!", kreischen die Wilden. Da kommt der Häuptling und hebt die Hand. Er beruhigt die Eingeborenen in der Stammessprache. Dann sagt er in deiner Sprache zu dir: „Du bist der erste Fremde, der die Edelsteine zwar gefunden – aber keine davon genommen hat. Wir werden dich zu einem Dorf bringen, wo es ein Schiff gibt, das dich nach Amerika zurückbringt. Wenn du aber versuchen willst, allein durchzukommen, bekommst du von uns einen großen Diamanten."

Wenn du das erste Angebot annimmst, lies weiter auf Seite 104

Wenn du das zweite Angebot vorziehst, lies weiter auf Seite 105

Das Gebräu schmeckt schauderhaft, und im gleichen Augenblick wünschst du, du hättest es nie probiert. Du hast ein übles Gefühl im Bauch und setzt dich hin. Die Hexen werden größer und wirbeln wild herum, bis du nur noch rasende Schatten und Farben siehst. Jetzt steigst auch du auf in die Luft, fällst wieder und schaukelst dabei von einer Seite zur anderen. In deinem Ohr ist ein rhythmisches Splaschwaschsplasch. Eine Stimme ruft: „Hallo, Abendessen!" Es ist Dr. Frisbee! Du hast geträumt, die ganze Zeit geträumt. Und ganz langsam wird dir klar, dass du immer noch auf deinem Schiff bist – unterwegs zu den Galapagos-Inseln.

ENDE

Als du dich weigerst, von dem Geheimtrank zu probieren, werden die Hexen sehr wütend. Sie tanzen kreischend um dich herum. Dabei verfallen sie in einen merkwürdigen Singsang und schwingen die Arme, als ob sie einen Fluch über dich aussprechen wollten. Du bist wütend und trittst ihre Kessel um. Plötzlich sind die Hexen verschwunden, und vor dir steht eine große Schildkröte.

„Du hast mich vom Fluch der Andaga erlöst", sagt die Schildkröte, „was kann ich zum Dank für dich tun?"

„Bring mich zu einem Schiff, das nach Amerika fährt", antwortest du. Die Schildkröte schweigt, geht aber auf dich zu.

Lies weiter auf Seite 88

Du kletterst an ihrem Panzer hoch und setzt dich oben drauf. Sie scheint zu wissen, wohin sie will, und wankt schwerfällig durch die Wiese, einen kleinen Hügel hinunter und – platsch – landet sie im Wasser und schwimmt. Du fühlst dich wie auf einem winzigen runden Floß. Du schaust um dich. Ihr seid auf einem breiten Fluss, und ab und zu siehst du lange grüne Krokodile im Wasser. Die Schildkröte bleibt in sicherer Entfernung. Und dann mündet der Fluss plötzlich ins offene Meer. Die Schildkröte will ins Meer hinausschwimmen.

**Wenn du auf ihrem Rücken bleibst,
lies weiter auf Seite** **106**

**Wenn du abspringst,
lies weiter auf Seite** **107**

Du folgst der Schildkröte den ganzen Weg bis zum Meer. Sie steht am Ufer, schaut sich zu dir um und blinzelt in die Sonne. Wenn doch nur Dr. Frisbee dieses Riesenbiest sehen könnte. Eure Augen sind fast auf gleicher Höhe.

Plötzlich marschiert die Schildkröte geradewegs ins Wasser und schwimmt davon. Wieder einmal bist du allein. Allein, hungrig, durstig und müde. Du fühlst dich viel zu schlapp, um auf einen der nahen Berge zu klettern. Du ruhst dich ein bisschen aus und versuchst, dir vorzustellen, wie lange man hier wohl überleben könnte.

Zurück zu Seite   9

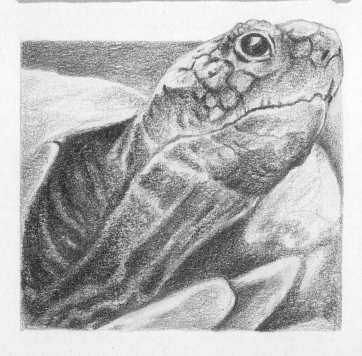

Die Kokosnusstrommeln machen dum-du-dum-dum. Deine neuen Freunde lachen dir zu. Du magst sie gern. Etwas später schläfst du ein. Als du wieder aufwachst, ist nur noch einer von den Leuten da.

„Es ist wunderschön hier", sagst du.

„Ja", antwortet er, „und ich bin froh, dass du bei uns warst, aber jetzt musst du gehen."

„Warum?", fragst du.

„Weil sich hier nichts verändert. Es ist hier wie im Paradies – aber es ist auch das Ende. Nimm diese Früchte und geh den Weg am Meer entlang. Nach drei Tagen wirst du ein friedliches Dorf erreichen."

Wenn du dich auf den Weg machst, lies weiter auf Seite   **108**

Wenn du bleibst, lies weiter auf Seite   **109**

Die Eingeborenen sind begeistert. Sie geben dir Zuckerrohr-kuchen und rosa Trauben. Du schläfst gut. Am nächsten Tag bringen sie dich zu einem Haus in einem viel größeren Dorf, das an einem schönen Hafen liegt.

Dort wohnst du bei einer netten Familie, bis ein paar Wochen später im Hafen ein Schiff vor Anker geht, das auf dem Weg nach San Francisco ist. Der Kapitän lädt dich ein, mitzufah-ren. Du verabschiedest dich von deinen neuen Freunden, und bald bist du auf der Heimreise nach Amerika.

ENDE

Die Leute sind richtig wütend, dass du dich nicht auch auf den Kopf stellst. Sie ergreifen dich, binden deine Füße zusammen und hängen dich daran auf. Noch nie im Leben hast du solche Angst gehabt. Später nehmen sie dich wieder herunter. Aber du bist ihr Gefangener, und sie hängen dich jeden Tag für eine Stunde an den Füßen auf.

Eines Tages – du hängst gerade mal wieder – hörst du ein fremdartiges, sehr lautes Zwirbelgeräusch – schtt schtt schtt. Die Eingeborenen blicken nach oben und flüchten kreischend. Dann ist plötzlich alles still. Du rufst nach Hilfe. Sekunden später haben dich Männer in Khaki-Uniformen gefunden und schneiden dich los. Sie gehören zu einer Hubschrauber-Rettungsmannschaft, die nach Überlebenden der Flutwelle sucht.

Kurz darauf ist dein Hubschrauber auf dem Weg zu den Galapagos-Inseln, wo Dr. Frisbee auf dich wartet.

ENDE

In der grünlich schimmernden Kuppel sieht alles kantig, glänzend und sauber aus. Plötzlich geht das Licht aus, und du stehst im Dunkeln. Du machst die Augen zu, aber trotzdem wird es irgendwie immer heller.

Und dann scheint die Kuppel zu wachsen und wird groß und blau wie der Himmel. Das Licht ist strahlend hell. Du schaust verdattert um dich. Es ist die Sonne! Du hast in deinem Liegestuhl an Bord geträumt – und bist immer noch auf dem Weg zu den Galapagos-Inseln.

ENDE

Du rennst von der großen Kuppel weg. Mit einem dröhnenden Feuerstrahl hebt sie sich langsam wie eine Rakete von der Erde ab und schwebt sanft in den blauen Himmel. Sprachlos blickst du ihr nach. Plötzlich kommen aus dem Dschungel ein paar Eingeborene angelaufen. Sie gehen auf dich zu und strecken ihre Hände aus. Sie geben dir Kokosnussmilch und Zuckerrohrbonbons, Melassekuchen, Früchtebowle und Armreifen, besetzt mit Smaragden und Saphiren. Sie halten dich für einen Gott aus dem Weltraum. Für ein paar Tage bleibst du in ihrem Dorf. Dann erfährst du, dass einige Tagesmärsche entfernt ein anderes Dorf liegt, das oft von Schiffen aus fremden Ländern angelaufen wird. Du verabschiedest dich von deinen neuen Freunden und machst dich auf den Weg nach Hause.

ENDE

Dein Freund hat aus Tierhäuten Wasserbehälter gemacht, die ihr an das Floß bindet. Ihr esst euch rundherum satt und trinkt von einer nahen Quelle so viel Wasser, wie ihr könnt. Dann stoßt ihr das Floß mit den zwei flachen Stöcken, die ihr als Paddel benutzt, ins Wasser.

Die Strömung trägt euch schnell die Küste entlang. Ihr seht vor euch eine felsige Landzunge, aber dann treibt euch der Wind ab, und ein paar Minuten später seid ihr draußen im offenen Meer.

Einen Tag und eine Nacht treibt ihr so dahin, ohne zu wissen, wie lange euer Vorrat an Essen und Wasser reichen wird. Am nächsten Morgen könnt ihr im ersten Licht vor euch eine große Insel erkennen, die sich aus dem Wasser erhebt. Ihr seht auch ein paar Fischerboote, und eins davon hält genau auf euch zu. Jetzt wisst ihr, dass ihr bald gerettet sein werdet.

ENDE

Du sammelst mit deinem neuen Freund Kokosnüsse, die ihr zusammen mit den Wasserbehältern, die er aus den Tierhäuten gemacht hat, auf dem Floß befestigt. Er bringt dir bei, wie man mit Feuersteinen Feuer macht und wie man Tiere fängt. Später hilfst du ihm, das Floß ins Wasser zu lassen, und winkst ihm nach. Die Strömung treibt ihn schnell aufs Meer hinaus. Wo er wohl landen wird?

Während der nächsten Monate geht es dir gut, und du kommst immer besser zurecht. An jedem neuen Tag lernst du mehr über die fremden Pflanzen und Tiere, die deine Küste bevölkern.

Und dann, nach vielen Monaten, beginnst du, dein eigenes Floß zu bauen.

ENDE

Mit einer günstigen Brise stecht ihr in See. Das Boot bewegt sich ruhig durch das Wasser, aber du bist gespannt, wie es sich wohl bei rauer See auf dem offenen Meer verhalten wird.

„Übrigens sind wir nur fünfzig Meilen von einer Insel entfernt, auf der es jede Menge Rum gibt", sagt der Pirat grinsend. „Und jetzt bindest du dich am besten auf dem Schiff fest, damit du nicht von einer Welle zu den Haien gespült wirst."

Wenig später schlingert das Boot beängstigend durch das aufgewühlte Wasser. Du bist nicht ganz sicher, ob ihr beide es jemals bis zu einer rettenden Küste schaffen werdet.

Ihr schafft es.

ENDE

Am Abend vor dem Tag, an dem ihr auslaufen wollt, wartest
du, bis der Pirat eingeschlafen ist. Dann machst du dich aus
dem Staub und läufst den dunklen Strand entlang. Du willst
weit weg sein, wenn er deine Flucht entdeckt. Später legst du
dich hin und ruhst dich aus. Der helle Sonnenschein weckt
dich. Du hast Angst, bist durstig und allein.

Zurück zu Seite **9**

Du kriechst in die Höhle und tastest dich durch den langen Tunnel. An scharfen Felsen schürfst du dir die Knie und die Ellbogen auf. Es ist kalt und feucht, und du ärgerst dich, dass du auf den Piraten gehört hast. Der Tunnel ist so eng, dass du dich nicht einmal umdrehen kannst. Es ist dunkel, und du hast Angst.

Du legst dich flach hin, die Arme nach vorne ausgestreckt, und ruhst dich ein bisschen aus. Der Boden unter deinen Händen fühlt sich sandig an. Du gräbst mit den Fingern und fast im gleichen Augenblick fühlst du ihn auch schon – einen Diamanten so groß wie ein Ei!

Du kriechst weiter durch den Tunnel. Vor dir kannst du Licht sehen. Ein paar Sekunden später bist du wieder draußen in der Sonne. Du stehst auf einem Hügel über einer blaugrünen Lagune. Vor der Küste liegt ein Zweimaster mit der Flagge der USA vor Anker. Jetzt weißt du, dass du bald nach Hause kommen wirst. Und außerdem hast du noch den riesigen Diamanten.

ENDE

Du traust dem Piraten nicht und hockst dich hin, um zu überlegen. Immerhin bist du so hungrig, dass du trotzdem noch etwas von seinem Fisch isst. Du machst dich auf den Weg und kommst zu einem Feld, das mit Zuckerrohr bewachsen ist.

Monatelang lebst du von Zuckerrohr, Kokosnüssen und Fischen. Eines Tages, als du gerade durch die Bäume auf eine Lichtung schaust, siehst du einen Mann auf allen vieren herumkriechen. Er hält ein Vergrößerungsglas in der Hand.

„Hallo!", rufst du.

„Hallo", ruft er zurück. „Ich bin Dr. Waddle. Habe gerade die Suche nach dem verschollenen Affen von Pazifika aufgegeben."

Du unterhältst dich sehr lange mit Dr. Waddle und stellst dabei fest, dass er ein Wissenschaftler mit ähnlichen Interessen wie Dr. Frisbee ist. Und dann stellt sich auch noch heraus, dass Dr. Frisbee und Dr. Waddle alte Freunde sind. Bald darauf machst du dich mit Dr. Waddle auf den Weg zu seinem Schiff, das in einem Hafen in der Nähe vor Anker liegt. Am nächsten Tag beginnt die Fahrt nach Hause. Als das Schiff in die offene See sticht, stehst du am Heck und winkst zum Abschied zur Insel der 1000 Gefahren hinüber.

ENDE

„Wann wird das sein?", fragst du.

„Das kommt darauf an, in welchem Kreis sich deine Zeit bewegt", antwortet der Mann.

„Und wie können Sie das alles wissen?", fragst du.

„Meine Zeit hat sich zu einem Knoten verschlungen, und deswegen tue ich immer dieselben Dinge. Das war immer so, und so wird es immer bleiben. Aber du bewegst dich in deinem Kreis zurück."

Du wendest dich von dem seltsamen Mann ab und gehst in den Wald. Du kommst an einen Fluss und triffst wieder auf einen Piraten, der fischt. Ist es derselbe Pirat – oder ist es ein anderer? Du weißt es nicht. Du setzt dich hin und beobachtest ihn.

Zurück zu Seite   26

Blitzschnell läufst du in den Dschungel. Du streifst durch das Dickicht und suchst nach etwas Essbarem. Du hoffst, auf Menschen zu stoßen oder auf irgendetwas, das dir weiterhilft. Plötzlich fährst du zusammen. Vor deiner Nase baumelt eine lange, grüne Schlange von einem Baum herab. So schnell du kannst, läufst du an ihr vorbei.

Zurück zu Seite 27

Du führst die Seeleute zu dem alten Mann. Er bedankt sich bei dir, und dann berichtet er euch, dass er einen vergrabenen Schatz entdeckt hat, jedoch zu schwach ist, um ohne fremde Hilfe in das Dorf zurückkehren zu können.

Er bringt euch zu dem Schatz. Die Seeleute graben fieberhaft, bis sie ihn gefunden haben. Der alte Mann nimmt die Hälfte für sich, gibt dir ein Viertel und teilt dann das letzte Viertel unter den Seeleuten auf. Ihr kehrt alle zusammen zu dem Boot zurück. Ein paar Tage später seid ihr auf dem Weg nach Hause.

ENDE

Die Seeleute nehmen dich mit zur M.S. Mary Ann, einem großen Bananenfrachter, der nach San Francisco fährt. Ein paar Tage später bist du auf dem Weg nach Hause. Die See ist ruhig, und es macht dir viel Spaß, das Schiff auszukundschaften. Aber du überlegst oft, ob du nicht doch besser jemandem von dem alten Mann erzählt hättest – und was dann wohl passiert wäre.

ENDE

Die Australier sagen dir, dass der alte Mann, den du getroffen hast, Henry Davidson ist. Ihr beschließt, dass du sie zu ihm führst.

Unterwegs hört ihr plötzlich Schüsse. Irgendwer schießt aus dem Hinterhalt auf euch. Die Australier schießen zurück. Eine Kugel pfeift durch deine Haare. Dann ist alles still. Die Australier berichten, dass es gefährliche Banditen auf der Insel gibt.

Vorsichtig geht ihr weiter in die Richtung, wo du Henry Davidson gefunden hast. „Halloooo", ruft eine Stimme. Es ist Henry.

Die Australier bringen Henry und dich zu einem befreundeten Dorf. Henry sorgt dafür, dass du einen Anteil von seinem Gold mit zurück nach Amerika nimmst.

ENDE

Die Australier bringen dich zu ihrem Schiff. Sie scheinen sehr traurig zu sein, dass sie den vermissten Forscher nicht gefunden haben. Das Schiff segelt zu den Galapagos-Inseln. Dort triffst du deinen alten Freund Dr. Frisbee wieder. Das Schiff hat die Flutwelle unbeschädigt überstanden. Dr. Frisbee hat geglaubt, du seist ertrunken, und ist entsprechend glücklich, dich wiederzusehen. Er hat ein paar seltsam aussehende Schildkröten gefangen. Kurz darauf seid ihr beide auf der Rückreise nach San Francisco. Du bist sehr froh, dass du endlich auf dem Weg nach Hause bist. Aber du wirst dich immer fragen, wer der alte Mann war – und was aus ihm geworden ist.

ENDE

Du kämpfst dich über den Gebirgspass hoch zum Gipfel. Du frierst und bist todmüde. Tief unter dir siehst du ein wunderschönes grünes Tal. Aber dir ist zu kalt und du bist zu müde, um weiterzugehen.

ENDE

Du schaffst es zurück zum Dorf. Der Häuptling ist sehr erstaunt über deine Geschichte. Der hinterhältige Krieger wird bestraft, und der Häuptling selbst bringt dich mit drei seiner besten Krieger über den Gebirgskamm hinunter zu seinem Dorf in Sicherheit.

„Von heute an wird unser Volk nie wieder Angst vor dem Schnee haben", sagt er.

ENDE

Du paddelst zum anderen Ufer. Es ist mit dornigem Gestrüpp zugewachsen. Du kämpfst dich vorwärts und zerkratzt dir dabei Arme und Beine. Schließlich kommst du auf eine große Wiese. Du stößt auf einen Pfad und folgst ihm. Hoffentlich führt er zu einem Dorf mit friedlichen Einwohnern.

Plötzlich fällt eine Meute von Eingeborenen über dich her und nimmt dich gefangen.

Zurück zu Seite **30**

Du treibst einen Tag und eine Nacht lang vor dich hin, aber wenigstens gibt es keine Stromschnellen mehr. Du kommst an großen Bäumen mit riesigen hängenden Blättern vorbei. Grüne und lila Vögel fliegen über dich hinweg.

Endlich bringt dich die Strömung zu einem friedlichen Dorf. Die Einwohner erzählen dir von einem Schiff, das in ein paar Tagen zu den Galapagos-Inseln fährt. Der Kapitän begrüßt dich als Passagier an Bord. Nach einer Woche auf See seid ihr endlich da. Der Kapitän hat Dr. Frisbee über Funk verständigt, und da steht er nun am Kai und wartet auf dich.

ENDE

Du steigst auf die Schildkröte. Ohne dich zu bemerken, wankt sie weiter. Obwohl sie jetzt nicht mehr zu dir spricht, weißt du, dass sie verhext sein muss. Eine Stunde später kommt die Schildkröte an einen Strand und läuft geradewegs auf das Meer zu. Du hältst dich gut an ihrem hornigen Panzer fest.

**Wenn du auf ihr sitzen bleibst,
lies weiter auf Seite** 106

**Wenn du abspringst,
lies weiter auf Seite** 89

Du springst ab und schaust zu, wie sie ins Meer hinausschwimmt. Du gehst über den Strand zurück ins Gebüsch.

Du merkst, dass du hungrig und durstig bist.

Zurück zu Seite _____ 16

Du läufst am Rand des Vulkans entlang und versuchst, auf die andere Seite zu kommen. Der Rauch ist so dicht, dass du kaum atmen kannst. Der Boden bebt, und du kannst die unterirdischen Explosionen unter deinen Füßen spüren. Schließlich findest du einen Weg, der sich um den Berg zieht. So schnell du kannst, rennst du den Berg hinab. Unten ist die Luft endlich wieder frisch. Da gibt es plötzlich eine große Explosion hinter dir, und du hörst das Geräusch von berstenden Felsen und fallenden Bäumen. Der Vulkan hat die andere Seite des Berges in die Luft gejagt. Was du nicht wissen kannst, ist, dass dabei das Dorf Abagun unter flüssiger Lava begraben worden ist.

Über einen Pfad findest du zum Meer und läufst zwei Tage an der Küste entlang. Dann kommst du endlich in ein friedliches Dorf an einer Lagune, das durch ein Korallenriff gegen die Brandung geschützt ist. Dort wohnst du bei einer netten Familie. Sie erzählen dir, dass ihr Hafen jeden Monat von einem Schiff aus Mexiko angelaufen wird und dass der Kapitän dich bestimmt gern mitnehmen wird. Du kannst dein Glück kaum fassen.

ENDE

Du läufst zu den Eingeborenen zurück. Der Vulkan speit immer noch, glühende Lava ergießt sich den Berg hinunter und fließt auf das Dorf zu. Die Luft riecht nach heißem Schwefel. Die Eingeborenen singen und beten darum, dass ihr Dorf nicht zerstört wird. Sie scheinen nicht mehr böse auf dich zu sein.

Kurze Zeit darauf kommt ein frischer kühler Wind von den Feldern. Die Luft wird klar. Alle schauen auf. Die Lava fließt nicht mehr, der Berg ist still. Die Dorfbewohner kommen auf dich zu und verbeugen sich vor dir. Sie glauben, dass du sie vor dem Untergang bewahrt hast. Sie schenken dir kostbare Juwelen und danken dir für deine vermeintliche Hilfe. Am nächsten Tag zeigen sie dir einen versteckten Pfad zum nächsten Dorf, wo du auf ein Schiff nach Amerika warten kannst.

ENDE

Dir wird klar, dass du dich besser absetzt, und du fragst einen der Dorfbewohner, ob es ein Dorf in der Nähe gibt, das manchmal von Schiffen angelaufen wird.

„Drei Tagesmärsche westlich von hier", antwortet er, „ist ein Dorf mit fremden, blassen Männern und lauten Maschinen. Im Osten liegt ein breiter Fluss. Was hinter dem Fluss ist, weiß keiner von uns."

Wenn du nach Westen gehst, lies weiter auf Seite   **95**

Wenn du nach Osten gehst, lies weiter auf Seite   **96**

Du wirst in den Stamm aufgenommen und lernst fischen, jagen und einige Spiele.

Nach ein paar Monaten fühlst du dich schnell wie ein Fuchs und stark wie ein Bär. Trotzdem vermisst du deine Heimat, deine Familie. Und eines Tages machst du dich auf den Weg durch den Dschungel zurück zur Zivilisation.

Als du zwei Tage und zwei Nächte gegangen bist, kommst du an einen Fluss, der in der Sonne glitzert. Das Wasser ist kalt und klar. Am anderen Ufer siehst du Hunderte von Kokosnusspalmen. Du bist sehr hungrig.

Zurück zu Seite 37

Die Eingeborenen führen dich durch endlose Wälder und über unzählige Berge. Nachts schlaft ihr im Freien und am Tage marschiert ihr weiter. Das ist sehr ermüdend, aber immerhin könnt ihr euch von Zuckerrohr ernähren, und die Eingeborenen wissen, wo man kühles klares Wasser finden kann.

Eines Tages erblickt ihr unter euch endlich ein großes Dorf an der Seite einer glitzernden, von Korallenriffen umsäumten Bucht. Dort gibt es Ponywagen und sogar ein paar Jeeps. Im Hafen liegt ein Dreimaster mit der Flagge der USA vor Anker. Du bist sicher, dass der Kapitän dich mitnehmen wird. Ob das Schiff direkt nach Amerika zurückfahren oder noch eine andere Insel anlaufen wird? Aber das ist dir eigentlich ziemlich egal, weil du nur noch einen Wunsch hast: Die Insel der 1000 Gefahren hinter dir zu lassen.

ENDE

Du verschwindest leise, ohne dich zu verabschieden, und nimmst eine Ration Essen mit. Du wanderst durch Wälder, Wiesen, Sümpfe und über felsige Bergketten nach Westen. Du siehst viele seltsame Tiere, und mehr als einmal bringst du dich vor den großen grünen Schlangen in Sicherheit, die auf der Insel heimisch sind. Du lebst von Kokosnüssen und wildem Zuckerrohr. Viele Tage sind vergangen, als du endlich von einem Berg auf ein Dorf hinunterschaust, wo Menschen auf Eseln reiten, auf Fahrrädern und in Jeeps fahren. Du bist glücklich, weil du weißt, dass die Schiffe, die diese Dinge bringen, dich mit nach Hause nehmen können.

ENDE

Du gehst nach Osten und orientierst dich an der Sonne. Morgens gehst du ihr entgegen und nachmittags lässt du sie hinter dir. Aber der Himmel ist oft bewölkt, und so weißt du nicht genau, ob du dich wirklich in Richtung Osten bewegt hast. Eines Morgens riechst du salzige Luft. Du kletterst auf einen Sandhügel – und blickst auf das Meer. Du gehst zum Strand hinunter und legst dich hin. Du bist müde und hungrig. Aber du stehst wieder auf, weil du weißt, dass du weitermusst.

Zurück zu Seite 9

Du tastest dich durch das Schiff. Mehrere Male rutschst du in der tiefen Dunkelheit aus und fällst hin. Weiche, glitschige Sachen streichen an dir vorbei. Du hoffst, dass du den Ausgang wieder findest. Du kommst zu einer Tür, aber sie geht nicht auf. Neben der Tür berührst du kaltes Metall und Glas. Du greifst danach. Es ist eine Stablampe mit Batterien. Die Batterien sind noch in Ordnung.

Eine Sekunde später hast du Licht. Du suchst das Schiff ab und findest Essen, Wasser, Früchtekonserven und zum Schluss das Funkgerät.

Du hast schnell heraus, wie man damit umgeht, und funkst einen Notruf. Von einem Schiff weit weg antwortet eine Stimme: „Wir können aus deinen Funksignalen erkennen, wo du bist. Wir schicken einen Rettungstrupp."

„Danke", sagst du.

ENDE

Du hältst dich in sicherer Entfernung zum Wasser und bist ein bisschen nervös, weil du nicht weißt, ob noch eine Flutwelle kommen wird. Du ernährst dich von Kokosnüssen, aber du bist zu erschöpft, um die Insel noch weiter zu erforschen. Du verbrauchst deine ganze Kraft auf der Suche nach der Nahrung, die du zum Überleben brauchst.

Du denkst oft darüber nach, ob du jemals gerettet wirst. Aber schließlich ist dir auch das egal. Viele Jahre später finden Forscher deine Knochen im Sand.

ENDE

Der Häuptling ist von deiner Idee mit dem Hinterhalt begeistert. Man hat so etwas nie vorher versucht. Bei Sonnenaufgang verteilt sich deine Gruppe hinter den Felsen entlang dem Pfad zwischen den beiden Dörfern. Der Feind nähert sich. Dein Stamm überfällt ihn aus dem Hinterhalt, tötet die feindlichen Krieger, bevor sie überhaupt begreifen, wie ihnen geschieht, und gewinnt die Schlacht. Damit hält der Frieden wieder Einzug in ihr Dorf.

Du bist ein Held für sie. Die Dorfbewohner geben dir Edelsteine und Gold und zeigen dir den Weg zu einem befreundeten Dorf, in dem du auf ein Schiff warten kannst, das dich nach Hause bringt.

ENDE

Der Häuptling mag die Idee ganz und gar nicht. Er wird regelrecht wütend. Die Dorfbewohner fesseln dich an einen Pfahl und sagen dir, dass sie dich bei lebendigem Leibe verbrennen werden, wenn sie von dem Kampf zurückkommen. Dann ziehen sie los, und du bist allein. Du schaffst es nicht, dich zu befreien, und lässt den Mut sinken.

Bei Sonnenuntergang hörst du plötzlich Schreie und lautes Gebrüll, und dann kommen fremde Männer in das Dorf gelaufen. Es ist der feindliche Stamm. Er hat die Schlacht gewonnen. Die Männer laufen strahlend auf dich zu und binden dich los. Der Häuptling sagt: „Ein Gefangener von denen ist ein Freund von uns."

Ein paar Tage später zeigen sie dir den Weg zu einem befreundeten Dorf, in dem du auf ein Schiff warten kannst, das dich nach Hause bringt.

ENDE

Erregt schütteln dich die Männer hin und her. „Wo ist der Schatz?", schreien sie.

Du siehst ein, dass dir keine andere Wahl bleibt, als sie hinzuführen.

Dort angekommen, stoßen sie dich zur Seite, stürzen sich auf die Truhe und wühlen gierig in den Juwelen. Du versteckst dich im Gebüsch. Plötzlich taucht eine Gruppe von Eingeborenen auf. Sie nehmen die Männer gefangen und schleppen sie mit Gebrüll und Gezeter fort.

Du bist wieder allein. Aber da siehst du die Landkarte auf der Erde liegen. Mit ihrer Hilfe findest du zu einem kleinen Fischerdorf, wo man dir zu essen und eine Schlafstelle gibt. Am nächsten Tag bringen dich die Eingeborenen mit einem Boot zu einer anderen Insel, die von Schiffen der USA angelaufen wird. Als du endlich auf dem Weg nach Hause bist, hast du deine Taschen immer noch voll mit kostbaren Juwelen.

ENDE

Die Männer sind überrascht, dich zu sehen. Aber noch mehr staunen sie über deine merkwürdigen Abenteuer. Sie fragen dich, ob du etwas von einem verborgenen Schatz gehört hast. Du sagst, dass du keinen blassen Schimmer hast.

Der Anführer sagt: „Es hat keinen Zweck. Wir sind reingelegt worden. Es gibt gar keinen vergrabenen Schatz. Na ja, dann komm mit uns, wir bringen dich nach Hause."

Du gehst über eine Meile hinter ihnen her, und es strengt dich sehr an, mit ihnen Schritt zu halten. Endlich kommt ihr vier an einen Hafen und rudert zu einem großen Motorboot hinaus. Nach einer Fahrt von zwei Tagen erreicht ihr eine andere Insel. Das Boot legt an einem Dock an, und die Männer erklären dir, wie du zum Flughafen kommst. Als du dich gerade verabschieden willst, rutscht dir ein Diamant aus der Tasche. Blitzschnell durchsuchen dich die Männer und nehmen dir fluchend alle Edelsteine ab. Du reißt dich los und läufst weg.

Eines Tages bist du dann endlich zu Hause. Du bist froh, wieder bei deiner Familie zu sein, aber gleichzeitig bist du auch ein bisschen traurig, dass du nichts von den Schätzen der Insel mitbringen konntest.

ENDE

Du bleibst in deinem Versteck. Nach einiger Zeit geben die Männer auf und gehen. Da hockst du nun und überlegst, ob du es wagen sollst, noch mehr von den Juwelen zu nehmen. Plötzlich springen ein paar Eingeborene mit Speeren aus dem Gebüsch auf dich zu.

Sie bringen dich zu ihrem Lager. Der Häuptling kommt heraus und sagt zu dir:

„Du bist ehrlich. Wir haben dich beobachtet und gesehen, dass du nichts von dem Schatz genommen hast."

„Aber ich habe etwas davon genommen", antwortest du.

„Wenn du das sogar zugibst, musst du wirklich ehrlich sein. Du darfst alles behalten", sagt er lächelnd. „Der Schatz bedeutet uns nichts. Unser Schatz sind die Sterne am Himmel und die glitzernden Wellen des Meeres."

Am nächsten Tag bringen dich die Eingeborenen zu einem Dorf, in dem du auf ein Schiff nach Amerika warten kannst.

ENDE

Die Eingeborenen führen dich einen Pfad hinunter zum Hafen. Sie segeln mit dir zu einer anderen Insel, die in der Nähe liegt. Dort hat ein amerikanisches Schiff festgemacht, auf dem du mitfahren kannst. Die Eingeborenen verabschieden sich von dir und kehren zu ihrem Dorf und dem Schatz zurück.

ENDE

Du steckst den riesigen Diamanten, den der Häuptling dir gegeben hat, in die Tasche und machst dich auf den Weg in den Dschungel. Aber es sieht ziemlich hoffnungslos aus. Einige Zeit später kommst du zurück, gehst zum Häuptling und erklärst ihm, dass du dich nicht zurechtfindest.

„Wir werden dich führen", sagt der Häuptling, „aber du musst dich bewähren." Sie binden dir die Augen zu und machen sich mit dir auf einen langen Marsch über viele Berge. Dann spürst du Sand unter deinen Füßen. Du bist nah am Meer. Die Eingeborenen warten, bis du eingeschlafen bist.

Als du aufwachst, liegst du hoch oben auf einer großen Sanddüne. Hinter dir siehst du einen breiten, leicht abfallenden Strand und vor dir liegt eine Wiese mit hohem Schilfrohr, umgeben von mächtigen, felsigen Hügeln.

Du bist hungrig und durstig. Nirgends gibt es Anzeichen von Leben. Du schaust auf das Meer und siehst nichts als endloses blaues Wasser. Du bist ganz allein. Und allmählich wird dir klar, dass du genau an der Stelle bist, an die dich die Flutwelle damals angespült hat.

**Wenn du dich entscheidest,
am Strand entlangzugehen,
lies weiter auf Seite** 9

**Wenn du dich entscheidest,
die felsigen Hügel hinaufzuklettern,
lies weiter auf Seite** 10

Ihr entfernt euch weiter und weiter von der Küste. Plötzlich taucht die Schildkröte unter und lässt dich allein in den tosenden Wellen. Sie kommt nicht mehr wieder, aber dafür siehst du einen gewaltigen Hai auf dich zuschwimmen. In Sekundenschnelle hat er seine Mahlzeit eingenommen – dich.

ENDE

Du springst ab und schwimmst, so schnell du kannst, zum nächsten Ufer. Du kletterst an Land und entdeckst im Wald einen Pfad. Du bist nicht sicher, ob er von Menschen oder von Tieren stammt.

Etwas später kommst du an einen klaren, blauen Teich. Du siehst Fische darin, die du gern für dein Abendessen fangen würdest. Da hörst du hinter dir ein Geräusch. Du drehst dich um und siehst ein riesiges Tier auf dich losgehen. Es sieht aus wie ein Tiger, aber ohne Streifen. Es gibt kein Entkommen mehr.

ENDE

Du folgst dem Pfad. Jeden Tag isst du eine von den fremden Früchten und steckst die Kerne ein. Die Frucht macht dich kräftig und stark und gibt dir das Gefühl, dass du sogar mit Tigern kämpfen könntest.

An dem Tag, als du die letzte dieser wunderbaren Früchte gegessen hast, kommst du bei Sonnenuntergang in ein Dorf mit freundlichen Menschen. Das Dorf liegt an einem Hafen. Eines Tages geht ein amerikanisches Schiff vor Anker, und ein Boot kommt an Land, um Vorräte zu holen. Der Kapitän bietet dir an, dich mitzunehmen. Einen Monat später kommst du glücklich zu Hause an.

Später pflanzt du die Kerne der fremden Früchte in die Erde, aber diese Art gedeiht nur auf der Insel der 1000 Gefahren.

ENDE

Du glaubst deinem neuen Freund nicht. Warum sollte man einen so wunderschönen Ort jemals verlassen?

Tag um Tag vergeht im Schatten der Bäume mit der fremden Frucht. Alle sehen glücklich aus, aber keiner redet oder spielt. Bald hast du vergessen, wie lange du schon hier bist. Dir ist, als schwebtest du auf einer Wolke. Du wirst immer schwächer, bis du nicht mehr die Kraft hast, das glückliche Tal zu verlassen.

Irgendwo tief in dir erkennst du, dass du hättest gehen müssen – bevor es zu spät war.

ENDE

LESEPROBE

»Die Pyramide der 1000 Gefahren«
von Fabian Lenk
ISBN 978-3-473-52346-7

Vor dir ragt die Cheops-Pyramide in den Sternenhimmel. Sie ist fast 150 Meter hoch und aus 2,3 Millionen Kalksteinblöcken erbaut. Jeder Steinblock wiegt 2,5 Tonnen. Vor 4600 Jahren haben hier Zehntausende von Arbeitern jahrzehntelang geschuftet … Und nun stehst du vor diesem Weltwunder aus Stein.

Du bist sehr stolz, dass du hier sein darfst – du hast bei einem Jugend-forscht-Wettbewerb im Fach Geschichte gewonnen. Zur Belohnung nimmst du an einem Ferienlager in Ägypten teil. Zwanzig Jugendliche aus aller Welt sind in diesem Zeltlager in der Nähe der Pyramiden zusammengekommen. Unter Anleitung von Archäologen werdet ihr in den nächsten drei Wochen an Ausgrabungen teilnehmen und die Pyramide erforschen. Du bist irrsinnig aufgeregt, denn die Welt der Pharaonen hat dich schon immer fasziniert. Gleich morgen soll es losgehen!

Der berühmte ägyptische Professor Tibi wird zuerst einen Einführungsvortrag halten, dann werdet ihr an Ausgrabungen teilnehmen. Insgeheim hoffst du, etwas Wertvolles zu finden. Vielleicht wirst du dadurch sogar berühmt!

Eigentlich solltest du längst schlafen, aber du bist völlig überdreht. Also stehst du vor deinem winzigen Zelt, das du dir mit deinem Freund Fynn teilst, und starrst die Pyramide an.

„Komm endlich rein oder mach wenigstens das Zelt zu!",

hörst du ihn rufen. „Die Mücken fressen mich gleich auf! Außerdem habe ich Neuigkeiten", lockt Fynn. „Die werden dich umhauen."

Lies weiter auf Seite _____ 8

Nur schwer kannst du dich von dem Anblick lösen, aber für Neuigkeiten bist du immer zu haben. Also schlüpfst du ins Zelt.

„Vorhin hat mich so ein komischer Typ angesprochen", erzählt Fynn. „Der hat gemeint, er könnte uns morgen was ganz Besonderes zeigen."

Du wirst misstrauisch. „Was denn?"

Fynn senkt die Stimme. „Einen Geheimgang in der Pyramide."

„Ich weiß nicht. Was will er dafür? Der will uns bestimmt übers Ohr hauen", sagst du zweifelnd.

„Warten wir's ab und hören wir uns zuerst seinen Vorschlag an", sagt Fynn. „Nach dem Frühstück können wir ihn treffen."

Am nächsten Morgen verdrückt ihr euer Frühstück in Rekordzeit. Ihr habt noch eine halbe Stunde, bis Professor Tibi seinen Einführungsvortrag hält. Vor dem Gemeinschaftszelt stoßt ihr auch gleich auf den Mann. Er heißt Abdullah.

„Seid ihr bereit?", fragt er und lächelt freundlich.

„Was verlangst du dafür?", willst du wissen.

„Hundert Dollar von jedem", zischt Abdullah.

Fynn tippt sich an die Stirn. „Viel zu viel. Da mache ich nicht mit."

Wenn du Abdullahs Angebot annimmst, lies weiter auf Seite　　**10**

Wenn du es ablehnst, lies weiter auf Seite　　**11**

Du hoffst, Professor Tibi wird es nachher nicht auffallen, wenn du fehlst. Und falls doch, wirst du ihm später etwas von einer Magenverstimmung erzählen.

Du holst das Geld. Mit einem Seufzer gibst du es Abdullah. Hundert Dollar sind viel Geld für dich. Hoffentlich hast du es gut angelegt, aber die Aussicht, einen unbekannten Gang zu sehen, elektrisiert dich förmlich.

„Hier entlang", sagt Abdullah und schleust dich aus der Zeltstadt. Über einen schmalen Pfad gelangt ihr zur Pyramide.

Zwei Wachleute entdecken euch. Sie tragen Schusswaffen und fragen, wohin ihr wollt. Abdullah spricht ein paar Worte mit ihnen. Ein Geldschein wechselt den Besitzer. Dann dürft ihr vorbei.

Kurz darauf steht ihr vor einer winzigen Tür in einem der Steinquader der Pyramide.

„Da geht's rein", sagt Abdullah. Er selbst macht jedoch keine Anstalten, den Gang zu betreten. „Das ist der geheime Zugang zur Pyramide. Sehr alt, herrliche Malereien an den Wänden, ganz toll!"

Du schaust hinein. Es ist stockfinster.

„Du kannst eine Taschenlampe haben, aber ich komme nicht mit", sagt Abdullah.

**Wenn du den Gang trotzdem betrittst,
lies weiter auf Seite** 12

**Wenn du lieber umkehrst,
lies weiter auf Seite** 13

Ihr lasst euch nicht abzocken und geht lieber ins große Zelt, wo ihr schon von Professor Tibi und seinem Assistenten Dr. Tucker erwartet werdet. Zunächst erzählt Tibi euch eine Menge über das alte Ägypten, seine berühmten Pharaonen wie Ramses oder Tutanchamun oder über die zahlreichen Götter der Ägypter. Anubis, Osiris, Horus, Hathor, Re, Amun, Mut oder Maat. Du kennst die Namen alle.

Nach einer Stunde ist Professor Tibi mit dem Einführungsvortrag fertig. Endlich führt er euch zu einem abgesteckten Bereich ganz in der Nähe der Zelte. Hier liegt eine Ausgrabungsstätte! Unter der sachkundigen Anleitung von Tibi und Tucker dürft ihr den Sand sieben und den Profis über die Schulter schauen, wie sie Mauerreste freilegen. Das findest du sehr interessant.

Noch spannender findest du es allerdings, dass in deinem Rüttelsieb plötzlich etwas glitzert. Ein Schmuckstück? Schwer zu sagen. Du schaust dich um. Niemand beobachtet dich. Du könntest mit deinem Taschenmesser Sand und Dreck wegkratzen, um herauszufinden, was es wirklich ist. Aber vielleicht beschädigst du deinen Fund mit dem Messer? Vielleicht ist es aber auch nur wertloser Plunder? Wenn du den anderen fälschlicherweise einen tollen Fund präsentierst, werden sie dich alle auslachen.

Wenn du deinen Fund schnell mit dem Messer säuberst, lies weiter auf Seite 14

Wenn du deinen Fund lieber Professor Tibi zeigst, lies weiter auf Seite 15

Du leihst dir die Taschenlampe und marschierst los. Der Gang führt bergauf und wird immer schmaler. Die Luft ist stickig. Keuchend bleibst du stehen. Was kann das nur für ein Gang sein? Es gibt keine Malereien, wie du enttäuscht feststellst. Hat dich Abdullah in einen unbedeutenden Belüftungsschacht geschickt? Du hast keine Ahnung. Also gehst du erst einmal weiter. Der Weg wird noch schmaler und niedriger. Schließlich musst du auf allen vieren weiter. Plötzlich hörst du ein unheimliches Heulen. Entsetzt bleibst du, wo du bist, und lauschst. Ist das nur der Wind oder etwas anderes …?

Wenn du weiterkrabbelst, lies weiter auf Seite 16

Wenn du umdrehst, lies weiter auf Seite 18

Es macht dich stutzig, dass Abdullah nicht mitkommt. Garantiert ist das nur die übliche Touristen-Abzocke. Und wer fällt drauf rein – natürlich du! Du bist stinksauer, lässt dir aber nichts anmerken.

„Toll", sagst du nur, lässt Abdullah einfach stehen und läufst zum Camp zurück.

Dort sind alle ausgeflogen. Mit einem Bus sind sie ins Tal der Könige gefahren.

So ein Mist! Jetzt hockst du hier allein rum.

Ziellos streunst du durchs Camp. Du triffst einen Jungen, der eine Herde Ziegen vor sich hertreibt. Ihr kommt ins Gespräch.

„Wenn dir langweilig ist, dann geh doch auf den Basar. Da ist immer was los", schlägt der Hirte vor, bevor er weiterzieht.

Der Basar? Du bist unschlüssig. Da herrscht bestimmt viel Geschrei und Gedränge, aber vielleicht könntest du dort ein hübsches Souvenir kaufen.

**Wenn du auf den Basar gehst,
lies weiter auf Seite** 19

**Wenn du im Camp bleibst,
lies weiter auf Seite** 20

»Das Meer der 1000 Gefahren«
von Fabian Lenk
ISBN 978-3-473-52345-0

Mann, ist das ein Traum! Der Himmel ist blau und unendlich weit. Warm spürst du die Sonnenstrahlen auf deiner bereits leicht gebräunten Haut. Sanft streichelt eine Brise deine Haare. Und vor dir liegt das Meer! Auf den ersten Blick sieht es glatt aus, wie blank gefegt. Nicht einmal Wellen sind zu sehen.

Aber du weißt es besser. Denn du bist ein Taucher. Unter der Wasseroberfläche beginnt deine Welt. Die Welt voller schillernder Farben, fantastischer Tiere, einmaliger Korallen, eine Welt voller Überraschungen, aber auch Gefahren und Versuchungen. Immer tiefer hinabzugleiten, dahin, wo die Farben langsam verblassen und die Dämmerung anbricht, bis sie in ein schwarzes Nichts übergeht.

Du erschauderst leicht bei dem Gedanken an deinen nächsten Tauchgang. Denn er wird etwas Besonderes sein, schließlich bist du zum ersten Mal in deinem Leben im berühmtesten Tauchrevier der Welt: dem Great-Barrier-Reef in Australien mit seinen 71 Korallenriffen. Die schönsten Abschnitte liegen vor den Whitsundays, und genau hier hast du dein Quartier in einer Jugendherberge.

Ein Glück, dass dich deine Eltern allein reisen lassen. Sie machen unterdessen eine Kreuzfahrt. Da wärst du vor Langeweile gestorben, garantiert. Den ganzen Tag im Liegestuhl liegen und mampfen, mampfen, mampfen. Nein, das ist nichts für dich. Du bist ein Taucher, ein Sportler und Entdecker. Dich reizt das Extreme – und am Barrier-Reef, das die Eingeborenen Waga Gaboo nennen, wirst du es erleben.

Lies weiter auf Seite 8

Aus der *Manta-Bar* hinter dir wird Musik laut. Ein cooler Sound. Du musterst die anderen Typen an der Theke. Kurze Jeans, lässige T-Shirts. Sie lachen viel, sind gut drauf. Die Typen gefallen dir. Also schlenderst du hin und sagst Hallo. Die Leute sind echt in Ordnung, stellst du schnell fest. Vor allem Ron, ein Typ mit etwa einer Million Sommersprossen um die spitze Nase. Der Freak hat rote Haare und grüne Augen. Er und seine Freunde sind Taucher. Klar, dass ihr sofort ein Thema habt. *Das* Thema. Jeder hat schon mal was Aufregendes erlebt. Du hast auch eine Menge zu erzählen. Trotz deines jugendlichen Alters hast du immerhin schon das CMAS-Abzeichen in Gold und über 50 Tauchgänge hinter dir. Seit deinem zehnten Lebensjahr gehst du mit dem Druck-lufttauchgerät, das die meisten einfach „Flasche" nennen, auf dem Rücken runter. Die anderen lauschen dir gebannt, als du von deiner Begegnung mit dem Orca, einem so genannten Killerwal, erzählst. Aber der Orca hat dich nur interessiert angestarrt und ist weitergeschwommen.

„He, hört mal her!", ruft in diesem Augenblick Ken, dem die Strandkneipe gehört. Ken ist ein baumlanger Kerl mit einem gewaltigen Kreuz. Er dreht das Radio lauter.

Lies weiter auf Seite

„Wie aus Militärkreisen verlautete, ist gestern Nacht ein U-Boot vor den Whitsundays auf Grund gelaufen. Rettungsmannschaften gelang es zwar, das Boot zu orten. Doch bisher ist unklar, was aus der Besatzung geworden ist. Die Militärs halten den genauen Ort der Unglücksstelle streng geheim", tönt die Stimme aus dem Radio.

Sofort ist deine Neugier geweckt. Aber nicht nur deine.

„Das U-Boot will ich finden", flüstert Ron dir ins Ohr.

„Bist du verrückt? Wo willst du anfangen zu suchen?"

Ron grinst und seine Augen leuchten wie zwei Smaragde.

„Ich kenne mich hier gut aus", raunt er dir zu. „Ich habe eine Vermutung, wo das Ding liegen könnte. Kommst du mit? Man darf nie allein tauchen. Ich brauche einen Partner!"

Klar, das verstehst du. Aber sicher wäre es klüger, erst einmal an Land Erkundigungen über den genauen Ort der Havarie einzuziehen. Außerdem sagt dir dein Gefühl, dass dir die eigenmächtige Suche jede Menge Ärger einbringen könnte.

„Wenn wir das U-Boot finden, werden wir berühmt", lockt Ron.

„Ja, oder wir sind tot", erwiderst du. „Wir sind bestimmt nicht die Einzigen, die das Boot suchen."

„Da hast du sicher Recht", meint Ron grinsend. „Aber das macht es doch nur interessanter. Ich werde morgen mit der Suche beginnen. Bist du nun dabei oder nicht?"

Wenn du dich Ron anschließt, lies weiter auf Seite 10

Wenn du dich erst mal an Land informierst, lies weiter auf Seite 12

Was für ein Morgen! Noch ist es ein wenig kühl. Doch das wird sich bald ändern. Denn schon erhebt sich die Sonne wie ein riesiger roter Ball aus dem Pazifik. Der Wind hat das Meer aufgewühlt und Wellen aufgetürmt.

Ron schenkt dem Naturschauspiel keine Aufmerksamkeit. Er ist nur damit beschäftigt, die Ausrüstung durchzuchecken: Maske, Flossen, Schnorchel, Neopren-Anzüge, Bleigürtel, Atemregler, Flaschen, Jackets – ihr habt an alles gedacht.

„Okay", meint Ron, „dann kann es ja losgehen. Mein Boot liegt da drüben."

„Müssen wir weit raus?", willst du wissen.

„Ja, ein Stück", erwidert Ron reichlich vage und marschiert schwer bepackt auf den Steg hinaus. Ganz vorn liegt ein alter Kahn, der nicht sehr Vertrauen erweckend aussieht.

„Das nennst du ein Boot?", fragst du ungläubig. „Das Ding säuft doch in einer Badewanne ab!"

„Quatsch!", braust Ron auf. „Mit dem Boot war ich schon bei einem Orkan draußen. Komm jetzt!"

**Wenn du an Bord gehst,
lies weiter auf Seite**   13

**Wenn du lieber auf dem Steg bleibst,
lies weiter auf Seite**   14

Am nächsten Morgen hörst du dir die Nachrichten an. Aber es gibt keine Neuigkeiten über das U-Boot. Also läufst du zum Strand. Vielleicht hat dort jemand etwas aufgeschnappt. Leider Fehlanzeige. Es gibt zwar jede Menge Gerüchte, aber nichts Konkretes. Unschlüssig beginnst du am Strand entlangzulaufen.

Das Meer ist heute unruhig. Ein scharfer Wind pfeift dir um die Ohren. Wellen türmen sich auf. Ein idealer Tag für einen Tauchgang sieht anders aus. Macht nichts, es gibt auch an Land viel zu sehen.

Über dir kreischen ein paar Fregattvögel, und wenig später dreht sogar ein Seeadler seine majestätischen Runden. Wieder einmal fasziniert dich der unglaubliche Artenreichtum am Barrier-Reef.

Eine Viertelstunde später fallen dir zwei Männer auf, die ein Boot an den Strand ziehen und Taucherausrüstungen von Bord wuchten. Ein Mann hat ein Gewehr in der Hand! Als sie dich sehen, werden sie hektisch. Sie schultern ihre Ausrüstung und verschwinden schnell in Richtung eines windschiefen Hotels. Seltsam, denkst du. Haben die Typen etwas zu verbergen?

Wenn du ihnen nachspionierst, lies weiter auf Seite 15

Wenn du am Strand weiter gehst, lies weiter auf Seite 16

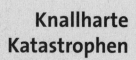

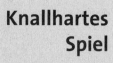